novum **pocket**

Rosa Perrone-Ippolito

DIE TULPENZEIT

Roman

novum pocket

Bibliografische Information
der Deutschen Nationalbibliothek:

Die Deutsche Nationalbibliothek
verzeichnet diese Publikation in der
Deutschen Nationalbibliografie.
Detaillierte bibliografische Daten
sind im Internet über
http://www.d-nb.de abrufbar.

Alle Rechte der Verbreitung, auch
durch Film, Funk und Fernsehen, fotomechanische Wiedergabe, Tonträger, elektronische
Datenträger und auszugsweisen
Nachdruck, sind vorbehalten.

Gedruckt in der Europäischen Union
auf umweltfreundlichem, chlor- und
säurefrei gebleichtem Papier.

© 2023 novum Verlag

ISBN 978-3-903382-19-0
Lektorat: Juliane Johannsen
Umschlagfoto: Sabrina Stähle
Umschlaggestaltung, Layout & Satz:
novum Verlag

www.novumverlag.com

Inhaltsverzeichnis

1. Die Zeit der Tulpen 7

2. Meine Farben 9

3. Bis zum Ende meines Lebens 11

4. Die Verabredung 13

5. Hinter der Glasscheibe
   betrachtete ich die Welt 16

6. Das Kurhaus 18

7. Für mich wäre es die ganze Welt gewesen 20

8. Am Horizont 23

9. Meine Krankheit fraß mich auf 25

10. Niemand ist unersetzbar 27

11. Sein Blick umarmte mich 31

12. Das Auto fuhr schnell weg 33

13. Seine Stille erfüllte mich 34

14. Durch ihn liebte ich die Welt 35

15. Gemeinsam fühlten wir uns jünger 37

16. Das Duell 39

17. Das Fest 41

18. Dieses Kind trennte uns 42

19. Alle Farben der Erde befanden sich dort 44

1. Die Zeit der Tulpen

Kalt und stumm nahm ich die Nachricht an. Die Diagnose wusste ich schon und nicht erst seit gestern. Er reichte mir die Unterlagen und entschuldigte sich für seine unverschämte Offenheit. Ich lächelte ihn schwach an, ohne mich zu verstellen, reichte ihm die Hand und verabschiedete mich. Beim Gehen faltete ich die Unterlagen, ohne sie durchzublättern, so dass sie in meine Handtasche passten. Aber mir war bewusst, dass in den Zeilen der Unterlagen ein Teil meines Lebens stand, welches mir bis heute nicht gehört hatte. Seine sichere und selbstbewusste Art ließ mich verstehen, dass seine Diagnose richtig war.

Schnell verkroch ich mich im Aufzug mit der Hoffnung, alleine zu sein – wenigstens für einen Augenblick. Der Flur kam mir ewig lang vor und die Menschenmasse nahm mir den Atem. Ich hatte das Gefühl zu ersticken und eilte deshalb zum Ausgang. Die Sonne blendete mich und ich wusste nicht mehr, wo ich das Auto geparkt hatte.

Als ich das Auto fand, stieg ich erleichtert ein. Erst da bemerkte ich, dass ich durchgeschwitzt war. Ich wartete ein wenig, bevor ich los fuhr. Als ich so weit war, fuhr ich weg und wurde ein Teil der Menschenmasse, die sich im Stau der Stadt aufhielt. Es war Mittag und viele Menschen waren auf dem Weg: Schüler, Frauen, Männer in eleganten Anzügen, Frauen mit Kinderwagen, ältere Menschen mit Einkaufstüten. Ich parkte das Auto und lief langsam am Ufer des Flusses entlang.

Eine große und atemberaubende gelbe Tulpenwiese expandierte im Grünen und an den Wurzeln der Bäume ertönte eine Vogelmelodie. Nichts passte zusammen, alles fühlte sich schlecht an. Die schöne Vogelmelodie sang nicht für mich. Erschöpft lief ich weiter und steckte meine Hände in meine Jackentasche – eine graue und müde Atmosphäre begleitete meinen Weg. Ich betrachtete das Wasser des Flusses und das helle Licht, das sich im Fluss spiegelte. Zu viel Licht für diesen Aprilmorgen. Ich sah eine leere Bank: Die anderen waren mit Pärchen besetzt. Ich setzte mich hin und suchte in meiner Handtasche nach Zigaretten. Ich atmete den Rauch aus und dachte, dass ich durch den grauen Rauch diese schöne und reine Luft zerstörte. Diese schöne und reine Atmosphäre suchte ich in mir: Aber ich fand sie nicht. Mein Blick suchte den Horizont, doch ein Seufzer durchquerte mein Inneres. Ich schaute mich um, um zu sehen, ob es jemand gesehen hatte ...

Es war sicherlich nicht der richtige Ort, um über die gelebten Erinnerungen nachzudenken. Aber ich konnte nicht auf diese Aprilsonne verzichten. Ich setzte meine Sonnenbrille auf, weil meine Augen tränten – sicherlich nicht wegen der strahlenden und blendenden Sonne. Kinder spielten um mich herum, rannten dem Fußball hinterher.

Als ich wieder zum Auto ging, klingelte mein Handy in meiner Tasche. Ich wollte nicht rangehen, doch ich nahm ab und eine fast metallische Stimme teilte mir einen Termin für den morgigen Tag um 18 Uhr mit.

2. Meine Farben

Der Hausschlüssel drehte sich alleine im Schlüsselloch meiner Haustüre und das Geräusch wirkte laut in der Stille dieses Hauses. Ich legte meine Handtasche weg und zog meinen Mantel aus. Alles war sehr ordentlich, zu ordentlich. Man hätte denken können, dieses Haus sei unbewohnt. Nur die Stille und die Stimme des Fernsehers lebten hier: jedoch nicht alle Tage. Ich lief durch den Flur und ging die Treppen runter in den Keller. Dort war mein Reich, meine Ecke. In den vielen vergangenen Jahren habe ich es mir eingerichtet: in den reich erlebten Frühlingen, in den vielen Vollmondnächten und durch die oft geweinten Tränen. Zwischen meinen Büchern, meinen Bildern und meinen Pinseln sammelte ich die Tropfen meiner Existenz und tankte neue Hoffnungen für meinen Lebensweg. Jeden Tag eine Farbe, um den Himmel zu zeichnen. Ich machte kein Licht an. Die purpurnen Farben des Sonnenuntergangs reichten aus, um die Wände meines Kellers leuchten zu lassen. Ich ließ mich auf einen Stuhl nieder und zog meine Schuhe aus. Selbst zwischen meinen Farben fühlte ich mich verwirrt. Mit meinem Blick umarmte ich meine vertraute Umgebung, aber alles entfernte sich von mir und ging fort. Sogar meine Farben schauten mich aus der Ferne an. Plötzlich fühlten sie sich kalt an.

Alles blieb sinnlos um mich herum stehen. Alles schaute mich von einem anderen Planeten an, um auf einem unantastbaren Stern zu landen. Ich streckte meine Hand aus, um nach dem Rot zu greifen: Es fiel auf den Boden.

Erneut streckte ich meine Hand aus, um das Gelb zu fassen. Gelb, die Farbe der Tulpen. Aber meine Hand zitterte und die Farbe landete auf dem Boden. Der geruchlose Lebensgeschmack erpresste mich, er tauchte in meine Lunge ein und kratze in meinem Hals: Ich hustete und ein stummes Weinen begleitete mich.

3. Bis zum Ende meines Lebens

Im Schlaf hörte ich Geräusche. Schritte, welche ich gut kannte, liefen die Treppen herunter, blieben kurz stehen und hielten dann inne. Das Licht ging an. Ich wollte meine Augen nicht öffnen. Das grelle Licht blendete meine Augen. Im Schlaf hörte ich das Klirren der Gläser. Die Scherben verletzten mich – wie und warum wusste ich nicht. Die Schritte machten vor mir Halt und eine Hand klopfte auf meine Schulter.

Er war hier – vor mir. Groß und gelassen, still und redegewandt. Ich öffnete meine Augen. Sein Blick kam wie von einem anderen Planeten, aber er flog nicht, um auf einem Stern zu landen, so wie meine Farben es taten. Sein Blick war starr. Hinter seinen Augen fixierte er mich sprachlos. „Komm", sagte er, „Wir gehen schlafen. Du siehst müde aus!" Er nahm meine Hand und zog mich hoch. Meine Hand entfernte sich von ihm. Er nahm mich auf den Arm, so wie man es mit den Kindern macht.

„Nein, lass mich runter, ich schaffe es alleine!", antwortete ich mit einer mir fremden Stimme. Ich stand auf und spürte seine Hand, die meinen Arm suchte. Ich ließ ihn den Arm finden und versuchte währenddessen meinen Körper zu beherrschen. Als wir die Treppen hochgingen, berichtete er mir von seinem Tag. Vorsichtig und zurückhaltend erkundigte er sich nach meinem. „Nichts Besonderes", erklärte ich ihm, „Ich war im Park gewesen" – „Und beim Arzt?", fragte er. „Auch. Die Unterlagen sind in meiner Tasche", antwortete ich. Er deckte mich zu. „Du siehst blass aus. Du hast sicherlich nichts

gegessen. Magst du ein wenig Orangensaft trinken?"
Ich nickte leicht mit dem Kopf. Ein paar Minuten später kam er – in seinen Händen hielt er das Glas und meine Unterlagen. Langsam und genüsslich trank ich meinen Orangensaft.

Hinter dem Glas beobachtete ich ihn, während er die Unterlagen las. „Verstehst du was?". Wahrscheinlich überhörte er mich, jedoch wiederholte ich die Frage nicht. Gelassen las er alles durch und darauf legte er hin. Er zog mich zu sich hin und legte eine Hand auf meine Hüfte, mit der anderen suchte er meine Haare. Sanft streichelte er meine Stirn. Ich schloss meine Augen und ließ mich in der Dunkelheit seiner Arme gehen. So wäre ich bis zum nächsten Morgen liegen geblieben, bis zum Ende meines Lebens.

4. Die Verabredung

Nun wachte ich doch am nächsten Morgen auf, wie immer. Er war schon fort. Er war immer der Erste, der im Büro ankam. Aber ich vermisste ihn nicht. Die Wände und alles andere im Haus waren mir vertrauter als sein Dasein. Ich trank meinen Kaffee und schaute aus dem Fenster raus. Dunkle Regenschirme liefen auf der Straße. Der Tag hatte für viele schon angefangen und jetzt begann er auch für mich. Bald würde sich auch mein Regenschirm in der Dunkelheit dieses Morgens verlieren.

Der Termin war um 18 Uhr ... Ich hatte es nicht vergessen – wie könnte ich? Mit jedem gelaufenen Schritt wurde mein Inneres unruhiger. Was wollte er mir noch sagen? Dass er sich vielleicht geirrt hatte? Dass ich vielleicht noch eine Lebenshoffnung hatte? Aber er war sich gestern so sicher mit seiner Diagnose gewesen! Vielleicht hatte er versehentlich meine Nummer gewählt ... Er hätte sich sicherlich dafür entschuldigt, wenn es so gewesen wäre.

Ich lief die Straße weiter, ging in Einkaufsläden, um etwas zu kaufen. Aber ich brauchte nichts, ... ich wollte die Zeit totschlagen. ging ich in den Park – keine Menschen waren zu sehen. Wenn der Regen den Park umarmt, entsteht eine triste Atmosphäre. Keine spielenden Kinder, keine älteren Menschen, die gelassen und ruhig nach einer Sitzmöglichkeit suchten: Heute rannte die Menschmasse mit dunklen Regenschirmen zielorientiert und abwesend durch die Gegend. Ich war desorientiert, lief und stolperte durch die Tulpen. Dieses Tulpengelb strahlte mit seinem Licht durch den Regen und leuchtete unter dem grauen dunklen Himmel. Ich frühstückte in einer Bar, aß einen Toast und trank einen Orangensaft. Lang beobachtete ich die Menschen, die rein und raus marschierten, und wartete, dass es 18 Uhr wurde. Endlich war es so weit und ich machte mich auf den Weg. Ich ging die Treppen hoch und spannte meinen Körper an, um ihn unter Kontrolle zu halten – ich distanzierte mein Ich von meinem Sein, so als wäre ich eine andere Person. Im Aufenthaltsraum waren wenige Patienten. Ich nahm eine Zeitung, blätterte die durch, ohne den Inhalt zu schauen. Es war noch zu früh und die Wartezeit wurde unerträglich. Der Raum leerte sich – ich war jetzt an der Reihe. Lächelnd begrüßte mich der Arzt und drückte meine eiskalte Hand. Ich setzte mich auf den Stuhl und er suchte die passenden Worte, um mit mir zu reden. „Es gibt ein Kurhaus... keine Illusionen, die Diagnose stimmt", aber vielleicht hätte es mir geholfen ... ich hätte abschalten können ... vielleicht hätte ich weniger gelitten, vielleicht hätte es mir gut getan ... so hätte ich alles versucht ... so viele Fragen in mir. Wirkte ich hoffnungslos? Vielleicht war ich es? Er gab mir weitere Unterlagen, hier stand alles: Anschrift, Telefonnummer, E-Mail-Adresse, ich müsste nur anrufen und buchen, alles andere würde er für mich erledigen. Ich bat um etwas Zeit,, da ich darüber nachdenken wollte. Ich wollte alleine entscheiden, wenigstens einmal in meinem Leben. Ich reichte ihm meine kalte Hand und ging.

Die frische und reine Luft vermischte sich mit meinen Gedanken. Plötzlich schien mir alles klarer: Warum nicht? Eine Änderung konnte mir nur gut tun, vor allem jetzt.

Wenn ich meine vier vertrauten Wände vermissen würde, könnte ich zurückfahren ... Jetzt musste ich mir Gedanken machen, wie ich ihm meine Entscheidung mitteilen könnte.

5. Hinter der Glasscheibe betrachtete ich die Welt

Ich versteckte mich hinter der Glasscheibe und betrachtete den sanften Regen, der auf den dunklen Regenschirmen der Passanten ruhte. Die Regentropfen verwandelten sich in kleine Kristalle, die im Dunklen leuchteten. Ich rauchte eine Zigarette. Er drehte den Hausschlüssel zwei Mal um und kam herein. Er machte die Türe hinter sich zu, zog seinen Mantel aus, hängte ihn auf, zog seine Straßenschuhe aus, um die Hausschuhe anzuziehen und kam herein. Stumm blieb ich hinter der Glasscheibe und betrachtete weiter die für mich so weit entfernte Welt. Der Wind wehte leise und die dunklen Regenschirme vermischten sich. „Was für ein Wetter! Was machst du da?" Seine Stimme klang ruhig. „Ich war beim Arzt ... Er gab mir gestern für heute um 18 Uhr einen Termin. Er erzählte mir etwas über ein Kurhaus ... Vielleicht könnte es mir helfen, wenn ich dort eine Weile hingehen würde. Einen Versuch ist es wert. Auf dem Tisch sind die neuen Unterlagen, da steht alles drin. Ich möchte dahin gehen. Ich werde es morgen dem Arzt sagen." Meine Stimme war ruhig, meine Aufregung konnte ich gut verbergen. Ich lauschte dem Durchblättern der Unterlagen in seinen Händen. Ich stand mit dem Rücken zu ihm und hörte aus meiner versteckten Ecke, aus meiner Welt, die mir selbst fremd war. Er fragte:

„Sicher, dass du es möchtest?" Er wirkte enttäuscht, vielleicht überrascht über meine Entscheidung. „Ich muss es für mich tun." Meine Stimme verriet meine Unsicherheit, aber zugleich eine Hoffnung, die einen bitteren

Geschmack mit sich trug. Langsam fing ich an, meine Krankheit zu spüren, die mich von innen heraus auffraß und ich fühlte mich kraftlos, weil ich nicht wusste, wie ich damit umgehen sollte.

Er kam zu mir und küsste mich auf die Stirn. Ich fühlte mich wie ein kleines Kind, welches verwirrt durch den Regen lief und vom Wind verschluckt wurde. Ich suchte Geborgenheit und Zuversicht, aber fand sie nicht in seinen Armen.

6. Das Kurhaus

Knapp zwei Wochen später saß ich mit meinem Mann im Auto. Wir fuhren in Richtung Meer – zum Kurhaus. „Hast du alles eingepackt?", fragte er mich während der Fahrt. Er war weder traurig noch enttäuscht. Er wirkte sogar fröhlich, vielleicht freute er sich, dass er dann alleine war. Die Frauen müssen sich selbst finden, um von den Männern gefunden zu werden. Aber ich ging nicht auf Kur, um mich zu finden, damit ich dann seine Liebe, sein Ich, sein Sein und seine Seele finden konnte. Ich wollte mich auch nicht von ihm finden lassen: Ich wollte alleine sein, um mich zu finden. Ich wollte mein Ich spüren. Wie ein dunkler Schatten beherrschte er über 20 Jahre mein Leben: mit seinen Rhythmen, mit seiner Arbeit, mit seiner Stille, die sich von meiner Stille entfernte und mit seinem Atem. Es fiel uns schwer,, über etwas zu reden – wir hatten keine Gesprächsthemen mehr. Wir hätten uns über den morgigen Tag unterhalten können: über mein Befinden, wie es mir in diesem Moment ging, welche Gefühle und Gedanken in mir schwebten.

Auch als wir in den vergangenen Jahren in den Urlaub gefahren sind, herrschte eine melancholische und angespannte Atmosphäre zwischen uns. Aber er war immer dabei gewesen, um mir alles bis ins kleinste Detail zu erklären – alles, bis meine Entdeckungslust in der Luft erstickte. Jetzt war ich bald alleine und musste mir meine Fragen selbst beantworten und meine Entdeckungslust alleine stillen. Er parkte auf dem Parkplatz, zwischen einer grünen Wiese, die ihre dominante Frühlingsfarbe mit sich trug. Erst da bemerkte ich, dass der Frühling in seinen Farben blühte. Der Frühlingsgeschmack schwebte in der Luft und plötzlich wollte ich ein Teil dieser Lebensoase werden.

Er begleitete mich und zusammen aßen wir zu Abend. Wir wollten uns unterhalten, aber fanden keine Worte, keine Themen, keine Sinfonie. Nur gefühllose Blicke fanden einen Sinn in diesem stillen Moment. Danach spazierten wir über die grüne Frühlingswiese: Er suchte meine Hand und er fand sie. Müde ruhte diese zwischen seinen Fingern. Abends fuhr er nach Hause, aber er vergaß nicht, mir den letzten Abschiedskuss zu geben. Ich blieb alleine: Ich fühlte mich einsam und klein, wie ein zerbrechliches Kind. Die Verwirrung expandierte in mir und vermischte sich mit meiner Einsamkeit. Ich saß auf der Bank und schaute zu, wie er nach Hause fuhr.

7. Für mich wäre es die ganze Welt gewesen

Wie seltsam, ein Augenblick reicht aus, um den eigenen Lebensfilm vor Augen abspielen zu lassen: farbig und in Schwarz-Weiß. In der Stille der fremden Wänden, mit den fremden Geräuschen dieser Räume lief mein Film in mir ununterbrochen fort. Alles spielte sich vor meinen Augen ab, in meinem Kopf, in meinen Erinnerungen, in meiner Seele. Es lief alles so schnell und mir fehlte die Zeit, eine meiner Lebensszenen genauer zu betrachten. In der Sonne, durch den Wind, unter dem Regen – mit meinen Farben versuchte ich das alles in einem Bild auszudrücken. Verwirrt suchte ich nach einer Hand. Ich war eine Frau, die jemandem das Leben schenken wollte –, ich ... ich konnte niemandem das Leben geben. Doch einmal hätte ich es fast geschafft: Mein Kind trug ich in mir und ihm wollte ich das Leben geben. Es war Sommer, wir waren in Urlaub – im Süden – auf einer Insel. Das Meer leuchtete unter dem Vollmond des Abends. Fröhlich teilte ich ihm mit, dass ich/wir ein Kind erwarteten.

Meine Freude zerplatzte in seiner Enttäuschung, in seinem steinharten Blick erlosch meine Hoffnung. „Warum gerade jetzt ... Es ist nicht der richtige Zeitpunkt ... die Arbeit ... die Karriere ... es ist zu früh ... vielleicht irgendwann mal – aber nicht jetzt ...!" Aber ich wollte mein Kind und ignorierte seine eiskalten Worte – seine Gedanken und seine sinnlosen Gespräche.

Weich und warm spürte ich es in mir, leicht und sanft streichelte ich es und sprach zu ihm. Es war klein, aber schon so groß für mich. Es füllte mein Leben, meine Tage. Jeden Morgen stellte ich mir sein Gesicht vor, seine Hände, seine Füße, seine Augen, seine Haare. Ich richtete sein Zimmer ein, kaufte Söckchen, Schlafanzüge, Lätzchen, Schuhe und Bodys ein. Kuscheltiere in jeglichen Farben: rot, grün, blau, gelb. In seinem Zimmer befand sich der Himmel, das Meer, die Blumen und die Träume, welche auf Wolken flogen ... Für die Welt wäre es irgendwann jemand geworden, für mich wäre es die ganze Welt gewesen.

Und dann ... der Streit zwischen uns. Es war das erste Mal, dass wir miteinander stritten.
 ... Nach diesem Streit ging ich nach Venedig zu meinen Eltern. Ich hatte mich wieder an der Universität angemeldet. Ich wollte mein Leben wieder zurückhaben, meine Selbstständigkeit. Ich wollte nicht, dass das Dasein eines Mannes mein Leben und mein Ich stehlen würde. Ich liebte ihn und er liebte mich, aber etwas änderte sich und wir nahmen es nicht wahr. Er kam, um sich zu entschuldigen ... er könnte ohne mich nicht leben ... er war bereit, alles loszulassen, um mich nicht zu verlieren.

An einem Februarmorgen schwebte ein finsterer und märchenhafter Nebel über die Stadt. Ich stolperte an einer der vielen Treppen, fiel herunter und verlor mein Kind. Ich musste in die Klinik gehen und die Ärzte gaben mir mein Kind in einem Reagenzglas. Ich nahm es mit nach Hause. Nur das Glas trennte uns. Es gehörte mir. Ich drückte es an mich, so fühlte sich mein Kind nicht einsam – dieses Gefühl kannte ich. Es fraß sich in mich hinein und erst dann verstand ich, dass ich in ein dunkles Loch gefallen war: Ich musste reagieren – die Realität akzeptieren. Ich wollte es nicht.

Es reichte mir seine Hand und langsam nahm ich sie, um sie wieder los zu lassen; aber fand ich sie in meiner dunklen Existenz wieder. Wir fuhren nach Hause zurück und ich fing wieder an zu arbeiten. Ich begann wieder zu zeichnen; in den vielen vermischten bunten Farben suchte ich es – doch es fühlte sich wie der Nebel an:

Man kann ihn sehen, aber man kann ihn nicht anfassen.

Manchmal ging ich in sein Zimmer und streichelte leicht seine sanfte Stirn.

8. Am Horizont

Der schönste Spaziergang war der am Meer. Man musste an einem Feldweg entlang laufen, wo Reben und Oliven blühten. Der Geruch der Natur expandierte in der Luft. Der Feldweg führte zum Meer und von einem Berg aus sah ich das unendliche Blau. Ein brauner Strich markierte den Horizont. Er war die Grenze zwischen dem Meer, dem Himmel und der Erde. Von hier oben sah das Meer unendlich weit aus. Ich saß da und stellte mir vor zu fliegen ... oder, dass ich auf einem Schiff wäre, das mich in den weißblauen Himmel bringen würde.

In der Tiefe des Berges prallte das Meer gegen den Felsen, das laute Geräusch holte mich in die Realität der Welt zurück – lange betrachtete ich das Auf und Ab der Wellen, die mit Kraft die Felsen umarmten.

Manchmal stieg ich den Berg herunter – ein mulmiges Gefühl begleitete mich: Die Rutschgefahr war sehr hoch. Die Weite des Meeres expandierte vor meinen Füßen: Hier war meine Lebensecke, welche ich immer gesucht hatte und jetzt fand ich sie.

Der schönste Moment war der Sonnenaufgang, wenn die Farben heller leuchteten, wenn die Sonnenstrahlen des Tages noch kalt sind und die Herzen der Menschen sich vor diesem Antlitz öffneten, um neue Hoffnungen wachsen zu lassen. Oft nahm ich meine Farben mit, um diese Momente zu verewigen. Ich rührte und vermischte Emotionen und Eindrücke: Rot, gelb, orange, weiß und blau. Eine Mischung aus Realität und Traum war in meinen entstandenen Farben zu spüren. Verzweifelt suchte ich die perfekte Farbmischung – doch ich fand sie nicht:

Nur die Natur kann in seiner reinen Perfektion leuchten, wir nicht.

Ich setzte mich auf den Boden hin und zündete mir eine Zigarette an. Mit dem Rauch verschmutze ich die Reinheit dieses Ortes. Oft fixierte ich die Wellen des Meeres und ging gedanklich zurück, als ich zum ersten Mal das Meer sah. Diese enorme Wassermasse, die sich mir berührten, und dann rannte ich weg. Ich besiegte meine Angst, als ich das Schwimmen lernte. Erst da verstand ich, dass das Meer eine Wippe ist, mit der eigene Gedanken und Sorgen abtauchen können.

In den Vollmondnächten beobachtete ich oft das Meer; der Mond spiegelte sein weißes Licht im dunklen Wasser und der Himmel ruhte sich zwischen der Stille dieser Augenblicke aus.

9. Meine Krankheit fraß mich auf

Oft fanden Ausflüge statt: in die Berge oder in Museen. Wir fuhren alle gemeinsam mit einem Bus. Auf der Autobahn hielten wir immer an der gleichen Raststätte an. Wir befanden uns in einem Wo, das uns allen gleichgültig war. Es reichte aus, um auf die Toilette zu gehen und einen Kaffee zu trinken. In der Bar saß ich entweder alleine oder mit Menschen, die ich nicht kannte. Ich schaute mich um und beobachtete die Menschenmasse, die in diesem Moment meinem Leben begegnete. Mütter mit ihren Kindern, die glücklich und stolz mit einem Eis rausmarschierten, vollgepackte Autos, junge Menschen, die im Auto saßen und einen Gameboy in den Händen hielten. Junge Mädchen mit knappen Röcken und T-Shirts liefen an mir vorbei, deren Bauchnabel durch ihre glitzernden Piercings funkelten. Wackelnd liefen sie hin und her und durch das viele Make-up wirkten sie wie kleine zukünftige Prominente. In was für einer leeren und wertlosen Welt wir lebten!

Mein Leben fühlte sich leer an und es herrschte Stille. Meine innere Leere sah die Menschen nicht. Während ich auf den Bus wartete, versuchte ich den Sinn meines Lebens zu finden. Ich fand meinen Lebenssinn nicht und wollte aufgeben. Ich näherte mich meinem Lebensende, ohne zu kämpfen – aber es war nicht der richtige Weg. Das war mir bewusst. Ich musste meinen Lebensweg finden, die Tropfen meines gelebten Lebens einsammeln, auf ein Stück Papier kleben und einfach so tun, als wäre nichts passiert. Ich hätte mich von meiner Diagnose distanzieren müssen – so tun, als würde mir diese nicht gehören. Aber ich spürte und fühlte sie in mir drin – sie lebte in meinem Körper. Meine Nerven und mein Inneres platzten, ich akzeptierte meine Krankheit nicht. Nur der Name alleine nahm mir meine Kraft weg. Alleine dass die Krankheit einen Namen hatte, raubte mir die Kraft.

Ich musste mich mit meiner Krankheit auseinandersetzen, nur so würde ich mit ihr leben können. So hätte ich wieder Lebenskraft tanken können. Ich musste es versuchen ... Doch ich schaffte es nicht! Eins wurde mir klar, ich musste mich vor ihr verteidigen, sonst würde sie mein restliches Leben vernichten! Ich durfte es nicht zulassen – ich musste mich vor ihr schützen!

Ich stieg in den Bus ein, setzte mich auf meinen Sitzplatz und legte meinen Kopf auf das Sitzkissen. Ich machte meine Augen zu. Jetzt schien mir einiges klarer. In jungen Jahren hustete ich immer sehr. Im Herbst war ich die Erste, die krank wurde – oft die Einzige. Als ich mein Kind in mir trug, fiel mir das Atmen schwer.

Als es sich von mir trennte, entwickelte sich in mir eine erstickende Unruhe, welche mir die Luft zum Atmen und die Lebensfreude nahm.

10. Niemand ist unersetzbar

Ich rief ihn nicht an, um ihm meine Gedanken mitzuteilen. Ich telefonierte mit meinen Arbeitskolleginnen und sie sagten mir, dass ich mir keine Sorgen machen sollte – sie würden mich vermissen, aber sie kämen auch ohne mich zurecht.

Ich fühlte mich überall unwohl. Niemand ist auf dieser Welt unersetzbar. Auch das eigene Ich kann man ersetzen – in dieser gefühlskalten Welt ist alles möglich.

An diesem Morgen blieb ich im Kurhaus. Ich lief den Flur hoch und runter, ging im Garten spazieren, schaute fern und spielte mit jemandem Karten, um mich abzulenken. Ich schaffte es nicht und ging deshalb ins Schwimmbad, um mich von der Sonne wärmen zu lassen. Es war ein warmer Tag und das Schwimmen tat gut. Ich blieb dort bis abends.

Durch die vielen bunten und hellen Farben des Sonnenuntergangs schien dieser Ort märchenhaft schön. Auf jedem Tisch brannte eine rote Kerze. Ich mochte die Nächte im Mai, weil sie mir ein kribbelndes Frühlingsgefühl schenkten. Ich fühlte mich frei, sogar glücklich. Jedes Mal, wenn es mir gut ging und ich meine innere Balance fand, wollte ich alleine sein. Ich wollte mein Ich verstehen – ich wollte einen Grund finden, weshalb ich solche großen Gefühlsschwankungen hatte.

Ich schaute mich um und mein Blick blieb an einem jungen Mann, der neben mir in einem Sessel saß, hängen.

Ich konnte mich nicht an ihn erinnern, auch weil meine Gedanken in letzter Zeit immer abwesend waren. Er war sicherlich jünger als ich. Er drehte sich nicht um. Seine blauen Augen waren hinter seinen Augenbrauen verborgen und hinter seinem halblangen, weichen Bart vermutete ich Geborgenheit zu finden, die mir so fehlte. Seit wann saß er neben mir? Vielleicht, seitdem ich auch hier saß. Ich wollte ihn nicht beobachten – ich wollte ihn nicht stören.

Das Wochenende näherte sich und ich konnte nach Hause gehen. Er rief mich an und sagte mir, dass er mich gerne sehen wollte. Ich teilte ihm mit, dass am Wochenende ein wichtiges Treffen im Kurhaus stattfand und die Teilnahme aller Patienten wichtig wäre. Er verstand es nicht, aber das rührte mich nicht. Ich dachte mir, dass bestimmte Sachen selbsterklärend sind und man eine gewisse Sensibilität und den Willen haben muss, um es zu verstehen. Manches muss man nicht mit Worten belegen.

Der Sonntagmorgen verging langsam. Ich war aufgeregt, weil ich alleine einen Sonntag planen konnte. Ich würde das tun können, wonach mir war! In Eile lief ich den langen, schmalen Flur entlang. Ich wollte in den Garten gehen, doch plötzlich stieß ich ohne Absicht mit jemandem zusammen. Er ließ die vielen kleinen Gegenstände fallen, die er in seinen Armen trug. „Oh – Verzeihung", sagte ich leise, während eine heiße Feuerflamme meinen Körper durchquerte. Stotternd fügte ich hinzu: „Es tut mir wirklich so leid ... Ich wollte es nicht ... Ich helfe Ihnen ... Ich hebe alles auf ..." Ich bückte mich, um die Sachen aufzuheben. Ich wusste nicht, wo ich hätte anfangen sollen. Auf dem Boden lagen auch Scherben, weil leider etwas kaputt gegangen war. Die heiße Feuerflamme ließ mich nicht los. Schnell hob ich alles auf, ohne ihm ins Gesicht zu schauen. Ich hatte ihm sicherlich nichts Gutes verursacht. Beim Einsammeln und Aufheben berührten sich unsere Hände.

„Nochmal Verzeihung ...", sagte ich und gab ihm die eingesammelten Sachen in seine Hände. Ich versank in seinen blauen Augen, die mich verwirrt aus einer anderen Welt anschauten, wie von einem anderen Stern. Die Stille umarmte ihn und er lächelte mich leicht an. Ich interpretierte es als ein Dankeschön und dass so was jedem hätte passieren können. „Es sind sehr viele kleine Teile dabei ... das passt nicht alles in Ihre Hände." Ich spürte wieder die Hitze, die in mir hochstieg. Ich kam mir wie eine junge, unerfahrene Schülerin vor. „Wenn Sie erlauben, könnte ich Ihnen beim Tragen helfen." Meine Stimme klang überzeugend und sicher. Sie verbarg gut mein Gefühlschaos und mein peinliches Auftreten. Er hielt seinen Schatz fest, während er seine Schritte durch den Flur fortsetzte, um mir die Richtung in sein Zimmer zu zeigen.

Er öffnete die Zimmertüre und wir gingen langsam rein. Ich hatte ein leichtes Kribbeln im Bauch. Vorsichtig legte ich die Gegenstände, welche ich in meiner Hand trug, auf den Tisch.

Ich schaute mich um. Ich suchte etwas, ohne zu wissen was. Doch plötzlich ruhten meine Augen auf der wunderschönen, selbst gestalteten Stadt: Häuser, Straßen, Bahnhöfe und Züge waren zu sehen. Die Lichter leuchteten zwischen den Papierhäusern und Zügen. In dieser

Stadt wirkte alles harmonisch und die Menschen lachten und strahlten vor Freude. „Es ist wunderschön!", sagte ich. Von der Stille umarmt, nickte er mir schüchtern zu – seine Art berührte mich. Ich fühlte mich ihm nah.

Erneut schaute ich mich um und meine Augen blieben an den kaputten Sachen hängen. „Es ist meine Schuld ... es tut mir leid ... jetzt müssen Sie die alle reparieren ... Ich würde Ihnen gerne helfen, lassen Sie es mich, bitte!", sprach ich. Ich konnte die Aufregung in meiner Stimme hören und um diese zu verbergen, nahm ich die kaputten Gegenstände in meine Hand. Er stand auf und nahm meine Hand, die zitternd seine kalte berührte. Er ließ mich verstehen, dass er es alleine reparieren wollte. Nur er konnte wissen, wie er sich diese Kinderfigur vorgestellt hatte. Ich blieb in seinem Zimmer und beobachtete stumm, wie er zärtlich und liebevoll die Teile seines Kindes zusammensetzte.

11. Sein Blick umarmte mich

Einen Tag später sah ich ihn im Schwimmbad. Eigentlich war er immer dort gewesen, wie jeden Tag um diese Uhrzeit. Erst da bemerkte ich, dass ich ihn nie wahrgenommen hatte. An diesem Ort, wo das Schicksal das nahende Lebensende aller Menschen ist, nahm ich niemanden wahr. Ich war mit mir selbst beschäftigt, am Ende meines Lebens, den Lebenssinn für mich zu finden. Ich sah die anderen Mitmenschen, die ähnliche Schicksale hatten, aber ich nahm sie nicht wahr.

Wir schwammen nebeneinander her und nicht gesprochene Worte begleiteten uns. Ich wusste nicht, was ich in diesem Moment spüren und entdecken wollte. Die Stille, die uns begleitete, tat mir gut. Ich fühlte mich nicht alleine. Sein Blick umarmte mich und wärmte meine Seele. In seinen meeresblauen Augen hätte ich ertrinken können.

Abends spazierten wir im Garten und ich erzählte ihm mein Leben: Seine stummen Worte gaben mir Sicherheit. Unbewusst suchte ich seine Hand. Fest und kalt fand ich sie schon in meiner. Ich vergaß sogar meine Zigaretten und manchmal schlief ich auf seiner Schulter ein.

Eines Tages lud er mich in sein Zimmer ein. Er wollte mir seine selbst gestaltete Stadt zeigen. Stolz und glücklich zeigte er mir, wie fröhlich und glücklich die Menschen aus dieser Stadt waren – er wirkte auf mich wie ein kleines Kind, welches glücklich ist und Freude am Leben und Lieben hat.

An diesem Abend liebten wir uns. Der Regen schwebte zwischen dem Wind. Im Dunkeln strahlte der Mond wie das helle Frühlingslicht. Ich schloss meine Augen und in seiner Wärme verschmolzen meine Gedanken. Meine innere Stimme, die „Nein" sagte, erstickte vor dem Altar, der die ewige Liebe versprach. Nur ein lautes Gelächter, um Menschen Illusionen zu schenken! Die Liebe befand sich in seiner Stille, in seinem Atem und wärmte mich.

12. Das Auto fuhr schnell weg

Jemand erzählte mir seine Geschichte. Er kam aus einem kleinen Dorf, in der Nähe einer Stadt in den Bergen. Er war verheiratet und hatte ein Kind, welches mit sechs Jahren bei einem Autounfall gestorben war. Als damals, an diesem einen Abend, das Fußballtraining zu Ende war, rannte sein Sohn über die Straße. Er war dabei, sah seinen Sohn glücklich und schwitzend vor sich. Er wollte ihm gerade erzählen, dass seine Fußballmannschaft dank ihm ein Tor gewonnen hatte, als ein Auto angerast kam. Der Fahrer dieses Autos hinterließ zwei gebrochene Menschenseelen. Seit diesem Tag lebte er in seiner Stille. Nur zwischen den Spielsachen seines Sohnes fand er seinen Lebenssinn. Seine Frau brachte ihn ins Kurhaus mit der Hoffnung, dass er wieder gesund werden würde. Viele Jahre vergingen und sie fand nie die Zeit, ihn zu besuchen – nicht einmal an Weihnachten.

13. Seine Stille erfüllte mich

Der Wind wehte leise, als ich ihn in meine Lebensecke brachte. Wir stiegen bis zum Strand hinunter und das Meer streichelte unsere Füße. Das Meer schien uns unendlich zu sein und wir ließen uns von den Wellen umarmen. Er flog auf einen Stern und schaute mich an. Zwischen seinen Armen flog ich auch. Es war schwirig zu denken, dass unser Leben sich hier befand, auf einer kleinen und versteckten Lebensoase. Wir hielten uns an den Händen fest und ich spürte, wie die Wärme langsam mein Herz berührte. Wir sprachen nicht viel miteinander. Worte sind oft überflüssig. Emotionen, besondere Augenblicke mit Menschen bedürfen kein Wort. Seine Stille reichte mir aus. Sie umarmte meine Gedanken und meine stummen Worte.

Jeder gemeinsame Moment verband uns. Unsere Seelen trafen sich und in ihm fand ich mich.

Die Sonne ging langsam unter und je tiefer sie sank, desto röter erschienen die weißen Wolken. Auf diesen Wolken flogen unsere Kinder und unsere Seelen begleiteten sie. Es wäre schön gewesen, wenn wir hätten mitfliegen können. In eine andere Welt, in eine andere Wirklichkeit. Doch wir waren hier. Stumm betrachteten wir den Horizont, der Tränen in uns auslöste.

Wir liefen vom grellen Tageslicht besiegt zurück. Wir hielten uns an den Händen, um uns nicht zu verlieren. Ineinander verschlungen warteten wir den Morgen ab.

14. Durch ihn liebte ich die Welt

Mein ganzes Leben lang hatte ich nach ihr gesucht und ich hatte sie nie gefunden: und jetzt stand sie plötzlich vor mir. Ich fand die Liebe in der Tiefe seiner Augen. Die Liebe, die wahre Liebe. Eine Liebe, für welche man auch sterben würde. Für eine Liebe, die mir viel schenkte und nichts zurück verlangte: Das gab mir Hoffnung. Diese Liebe lebte ewig und wird in mir leben, auch wenn wir nicht mehr atmen werden. Diese Liebe blieb in mir und verkörperte sich in uns, um uns, in den vielen erlebten und durchlebten Momenten, welche aus zwei Menschenleben eine Einheit machen. Unser Leben wurde nun ein Leben. Jeden Tag mehr: mit dem Singen der Vögel, mit den Wolken am Horizont, in den Farben der Tulpen, im Schweben der Träume, mit der Sonne des Morgens.

Zitternde Hände begegneten unseren Körpern, das Mondlicht leuchtete in unseren Augen, der Regen strömte leise in unsere Herzen. Emotionen, Gefühle, Leidenschaft: stumm und gefühlvoll in uns. Blind und stumm suchten wir uns. Unsere Hände fanden sich und hielten sich fest. Das Spielen mit den Haaren, mit den Körpern ... Unsere Herzen platzten vor Glück.

Mit unseren Händen, die verbunden waren, streichelten wir das weiße Mondlicht und tauchten in das dunkle Meer ein, um in der Sonne des Morgens zu erwachen.

Mit ihm liebte ich die Welt, ich liebte mich selbst und ich entschuldigte mich auch meine Fehler und die der anderen. Die Vergangenheit war nicht wichtig. Nur die Augenblicke unseres gemeinsamen Lebens zählten.

15. Gemeinsam fühlten wir uns jünger

Aber sie war da – vor mir und sie lebte in mir drin. Sie laugte mich aus, Tag für Tag. Sie fraß mein Inneres auf und ließ meine Lebenshoffnungen zerplatzen, so dass mein Morgen schwebend in der Luft zerbröselte. Ich konnte mich gegen sie nicht wehren. Sie wurde jeden Tag stärker. Unerwartet griff sie mich an, während ich mich auf mein Leben konzentrieren wollte.

Es regnete und wir gingen zusammen aus. Wir wollten den Lebensduft der nassen Erde spüren und riechen. Die Natur schenkte uns unbeschreiblich schöne Momente. Die Menschen haben verlernt, solche Erfahrungen zu leben, weil der geregelte Alltag ihr Leben dominiert. Die Bäume atmeten um uns herum, die feuchte Erde ruhte sich vor unseren Augen aus. Die frische Luft streichelte unsere Körper und belebte unsere Seelen, die wieder am Leben waren. Wir trugen Jeans, Sportschuhe und Pullover. Wir nahmen keinen Regenschirm mit, damit unsere Hände füreinander frei wären. Wir bemerkten es nicht, aber gemeinsam fühlten wir uns jeden Tag jünger. In einem Bauernhof zwischen Kühen und Hühnern aßen wir zu Mittag und in dieser familiären Stimmung suchten wir unsere gestohlene Kindheit. Der Landwirt lud uns ein und gab uns seinen selbst gekelterten Wein zu trinken. In dieser ruhigen und familiären Atmosphäre fühlten wir uns wohl. Diese gemeinsame Zeit gab meinem Leben einen Sinn, den ich oft verzweifelt in mir gesucht hatte.

Mit dem Sohn spielten wir dann noch Karten. Bevor wir zurück gegangen sind, kochte uns die Frau einen Kaffee und sagte uns, dass wir sie wieder besuchen sollten.

Als wir zurückliefen, regnete es nicht mehr. Die Sonne war blass und versteckte sich hinter den Wolken und das Abendrot umarmte leicht den grauen Himmel. An diesem Tag fühlte ich mich frei, jünger: Der frische Wind verlieh mir Kraft. Wir liefen weiter und die Kälte ließ mich plötzlich nicht mehr weiterlaufen. Mein Atem wurde schwer und ich hatte das Gefühl, dass ich gleich ersticken würde. Mein chronischer Husten gab mir den Rest. Ich fiel auf den Boden nieder. Er nahm mich auf seinen Armen, und rannte zu unseren Freunden, die uns mit einem Traktor zurück zum Kurhaus fuhren. Die Ärzte legten mich in ein Bett und schoben mich in das OP-Zimmer. Sie rissen meinen Pulli auf, um Nadeln in meinen Arm zu stechen. Ab da waren die Nadeln stets meine Lebensbegleiter. Das helle Licht des OP-Zimmers vergewaltigte meine Augen. Ich schloss sie, um mich vor diesem Schicksal zu schützen. Ich versank in einer unnatürlichen Dunkelheit und wollte in dieser ertrinken. In mir spürte ich einen süßen und melancholischen Geschmack: so wie das Innere eines verfaulten Apfels.

Plötzlich spürte ich eine kalte, eine sehr kalte Hand, welche fest meine Hand hielt.

16. Das Duell

Es war ein Duell mit ungleichen Waffen. Die Krankheit kämpfte in meinem Körper und ich nahm sie nicht wahr. Sie verbot mir, an morgen zu denken, während ich aus dem Fenster blickte, um die Sonne zu begrüßen. Sie war stärker als ich – das war mir bewusst. Irgendwann würde sie siegen.

Ihm wurde verweigert, längere Zeit bei mir zu bleiben. Meine Krankheit war zwar nicht ansteckend, jedoch hätte es ihm nicht geholfen, gesund zu werden, wenn er mich in diesem Zustand hätte sehen müssen. Aber er kam trotzdem jeden Tag und ich wusste nicht, was für ihn besser war. Wir hatten noch viele gemeinsame Pläne und wollten viel zusammen erleben – das konnte uns niemand wegnehmen.

Auch mein Mann kam an einem Sonntagnachmittag vorbei, nur für ein paar Stunden. Er unterhielt sich mit dem Arzt und, bevor er fort ging, gab er mir einen eiskalten Kuss auf die Stirn.

Überraschend kamen mir die Tränen hoch, aber ich weinte nicht. Die Krankheit durfte nicht siegen.

Im Dunkeln hörte ich oft den Wind wehen. Hinter dem Fenster war eine Kerze, die zurückhaltend und ängstlich dem lauten Wehen des Windes standhielt. Ich war diese Kerze. Wie lange konnte ich noch durchhalten? Machte es überhaupt Sinn, in meiner Verfassung zu leben? Waren das meine letzten Tage gewesen?

Ich sagte ihm, dass er mich für ein paar Tage nicht mehr besuchen kommen sollte. Ich ertrug seinen meeresblauen Blick nicht mehr, der auf mir ruhte und konnte in seinen Augen nicht mehr ertrinken. Ich ertrank alleine, aber nicht in seinen Augen.

17. Das Fest

Ich brauchte lange, bis ich wieder auf den Beinen war: Das hat mich meine ganze Kraft gekostet.

Als ich zum ersten Mal wieder mit den anderen essen durfte, empfingen sie mich mit einem Willkommensfest. Er war auch da: Er kam aus der fernen Stadt, um mit mir zu feiern. Er war sogar zärtlich zu mir und hielt meinen Arm fest. Ich war blass, mein Gesicht war wahrscheinlich blasser als der Herbsthimmel. Ich schätzte es, dass mein Mann hier war, aber meine Augen suchten ihn. Er saß mir gegenüber und um mich nicht in Verlegenheit zu bringen, schaute er weg. Ich lächelte ihn leicht an und er winkte mir zu. Er freute sich, dass ich hier war. Aus der Ferne konnte ich seine Freude für mich spüren. Oft reicht ein Blick aus, um verstehen zu können, dass du für jemanden wichtig bist. Ich konnte seine Freude in mir spüren: Ich lebte in ihm und er lebte in mir.

Mein Mann fuhr am selben Abend fort. Erneut bekam ich den gefühlskalten Kuss auf meine Stirn.

18. Dieses Kind trennte uns

Es regnete. Der Wind wehte stark, während ich mich ans Fenster anlehnte. Viele Fragen schwebten in mir. Warum spürte ich ihn so stark in mir und mein Mann hingegen fühlte sich fremd und fern an? Still und stumm fand er einen Platz in meinem Herzen. Ich spürte ihn. Ich spürte sein Dasein, sein Ich begleitete mich. Er füllte mein Leben, mein Sein, meine Person und mein Inneres.

Meine Gedanken brachten mich in meine Vergangenheit zurück. Der erste Kuss, das erste Mal, das wir uns liebten, die Hochzeit in der schönen Stadtkirche. Die Flitterwochen, die langen Spaziergänge am Ufer am Meer entlang, unsere Pläne, unsere Träume. Aber alles erlosch an diesem Abend, wo der Mond hell schien und das warme Meer seine Melodie spielte. Seine kalte und abwertende Reaktion traf mich tief und platzte in meinem Herz. Er wirkt so fern, so fremd und so kalt. Diesen Abend spürte ich, wie ich mich von ihm entfernte.

Ich streichelte meinen Bauch. Es wäre schön, wenn ich nochmals schwanger wäre. Leider war es nicht mehr möglich – die Ärzte waren sich in dieser Diagnose sicher. Ich fragte ihn, ob wir ein Kind adoptieren wollten, aber er wollte nicht. „Es macht doch keinen Sinn!!! Es würde nie unser Kind sein – ein fremdes Kind im Haus haben! Was für eine Idee??!!", sagte er. Aber warum nicht? Dachte ich! Es würde trotzdem unser Kind sein! Ich würde es mit Liebe und Wärme aufziehen, ihm meine Zeit, meine

Zuwendung, meine Zuversicht und Geborgenheit schenken. Abends würde ich ihm „Gutenachtgeschichten" vorlesen, seine Tränen abwischen und sein Näschen putzen. Wenn es sich die Knie aufschürfte, würde ich es trösten. Es hätte einen Sinn in mein Leben gebracht, in unser Leben. Dabei hätten wir uns auch wieder finden können – weil Veränderungen im Leben neue Wege öffnen, wo man neue Energie und Lebensfreude tanken kann. Aber er mochte sein geregeltes, strukturiertes und eintöniges Leben. Somit entfernten wir uns Tag für Tag, Stück für Stück. Der Alltag und die Routine fraßen uns auf und wir merkten nicht, dass wir uns fremd wurden. Meine wortlosen und schmerzhaften geschrienen „Neins" hörte er nicht. Nie nahm er meine Stimme wahr, er behandelte sie lieblos und respektlos.

19. Alle Farben der Erde befanden sich dort

Der Herbst war lang. Oft regnete es. Ich machte viele Therapiestunden und verbrachte meine freie Zeit vor dem Fernseher oder mit einem Buch. Als der Abend im Zimmer anbrach, verkörperte er die Stille des Zimmers und ich dachte, dass die Dunkelheit des Abends für immer um mich herum blieb. Die Dunkelheit dominierte mich und ich konnte mir schwer vorstellen, dass der helle Morgen am nächsten Tag anbrach. Ich versuchte zu lesen, manchmal gelang es mir auch zu zeichnen, aber die Farben fühlten sich so fern an. Dieses Gefühl verletzte mich und am liebsten hätte ich schreien und brüllen wollen. Es war nicht richtig, dass eine Krankheit mein Leben dominierte und meine Tage zerstörte. Ich blickte zum Himmel empor und seufzte.

Am jenem Morgen schien ein wenig die Sonne. Sie wirkte schüchtern und weiß zwischen den großen Wolken. Die Therapie fand nachmittags statt – nun war sie die Hauptbeschäftigung meines Lebens geworden. Ich traf die Entscheidung ein wenig raus zu gehen, ich wollte einen Spaziergang machen und bis zum Meer laufen und nahm meine Farben in einem Rucksack mit. Im Schrank suchte ich nach fraulichen Anziehsachen, weil ich mich feminin anziehen wollte, da eine Frau sich weiblich fühlen sollte, auch wenn sie krank ist. Als ich draußen war, ging es mir schon besser. In der Luft schwebte der Duft des Mooses. Beim Laufen sah ich ihn, er schwamm im Becken des Hallenbades. Ich winkte und versuchte, ihn anzulächeln. Dann nahm ich meine Sonnenbrille und setzte diese auf. Ich wusste nicht, ob er mich gesehen hatte. Als ich an der Mauer ankam, welche die Grenze bis zum Meer kennzeichnete, spürte ich eine große Unruhe in mir. Alle Farben expandierten vor meinen Augen. Blau, Gelb, Braun, Rot, Grün, Violett, Rosa, Orange, Türkis. Wie hätte ich dieses Wunder verpassen können? Ich öffnete schlagartig meinen Rucksack, nahm ein Blatt und meine Farben heraus. Ich wollte diese unbeschreiblich schöne Landschaft in einem Bild verewigen, da ich so was nie wieder in meinem Leben erleben würde. Ein mir unbekanntes Gefühl verspürte ich, es fühlte sich wie Wut an.

Der Himmel, die Sonne, das Meer, die zwitschernden Vögel: Der Augenblick war so schön, es fühlte sich alles so gut an. Ich konnte ihn nicht verpassen. Ich hatte es fast geschafft, all die Farben und Gefühle, die ich in diesem Augenblick verspürte, auf das Papier zu übertragen. Doch plötzlich hörte ich auf. Hatte das alles einen Sinn?

Verwirrt ging ich in Richtung Mauer, ich atmete tief die Herbstluft ein, die tief in meine Lunge eindrang. Mit jedem Schritt, den ich lief, öffnete sich der Horizont vor mir: groß, mächtig und weit. Es war nicht schwer, den Horizont zu erreichen. Ich rannte nicht vom Meer weg, so wie ich es getan hatte, als ich ein Kind war. Das Meer war mein Freund. Ich stieg auf die Mauer. Ich öffnete und streckte meine Hände – ich wollte, dass das Meer mich wahrnahm und mein Dasein spürte. Wollte es spüren lassen, dass ich seine Freundin war. Ich schaute nach unten. Wippend bewegte es sich und alle Farben ruhten in ihm. Ich hätte auch in ihm wippen können. Ich breitete meine Finger aus, so als würde ich springen und spürte den Wind meinen Körper streicheln. Ich schloss meine Augen – ich war bereit zu springen und mich der Sonne und dem Wind hinzugeben.

Doch eine kalte Hand nahm meine Finger. Erschrocken drehte ich mich um. Wer stahl mir diesen einsamen Augenblick, den ich alleine mit meinem Ich verbringen wollte?

Zwei blaue Augen starrten mich an und ließen nicht zu, dass ich ertrank. Sie umarmten mich und luden mich zum Fliegen ein.

Die Autorin

Rosa Perrone-Ippolito stammt aus Italien. In ihrer Heimat hat sie bereits mehrere Bücher veröffentlicht, so beispielsweise kurze Romane wie „Whrischka", „La bambola di pezza", La „Rosa Bianca" und „Il tempo dei tulipani". Auch die Erzählung „Vicoli dell'anima" und die Gedichtbücher „ali" und „… soffio …" stammen aus ihrer Feder. Für ihre Werke hat sie viele literarische Preise erhalten. „Die Tulpenzeit" ist nun das erste Buch, das in Deutschland veröffentlicht wird. Hier lebt sie seit einigen Jahren mit ihrer Familie und ist Professorin für deutsche und italienische Literatur und Geschichte.

novum VERLAG FÜR NEUAUTOREN

Der Verlag

Wer aufhört besser zu werden, hat aufgehört gut zu sein!

Basierend auf diesem Motto ist es dem novum Verlag ein Anliegen, neue Manuskripte aufzuspüren, zu veröffentlichen und deren Autoren langfristig zu fördern. Mittlerweile gilt der 1997 gegründete und mehrfach prämierte Verlag als Spezialist für Neuautoren in Deutschland, Österreich und der Schweiz.

Für jedes neue Manuskript wird innerhalb weniger Wochen eine kostenfreie, unverbindliche Lektorats-Prüfung erstellt.

Weitere Informationen zum Verlag und seinen Büchern finden Sie im Internet unter:

w w w . n o v u m v e r l a g . c o m